AF259968

EST-CE LA PAIX?

EST-CE LA GUERRE?

Paris. — Imp. de la LIBRAIRIE NOUVELLE, A. Bourdilliat, 15, rue Bréda.

EST-CE LA PAIX?

EST-CE

LA GUERRE?

PARIS

LIBRAIRIE NOUVELLE

BOULEVARD DES ITALIENS, 15

—

A. BOURDILLIAT ET Cⁱᵉ, ÉDITEURS

La traduction et la reproduction sont réservées.

—

1850

EST-CE LA PAIX
EST-CE LA GUERRE

SOLUTIONS PROBABLES

L'année qui vient de s'ouvrir commence sous d'étranges auspices. Les coups de théâtre qui changent, en quelques instants, l'aspect de la scène et substituent une forêt à un palais, ne sont pas plus rapides que le changement qui semble s'être opéré, du 31 décembre 1858 au 2 janvier 1859, dans notre situation intérieure et extérieure.

Quelques paroles adressées par l'Empereur à M. de Hübner, ambassadeur d'Autriche, à l'occasion des réceptions officielles du jour de l'an, ont suffi à révéler toute la gravité d'une situation sur laquelle on se ferait vainement illusion.

Nous sommes un peuple hardi, brave, généreux, mais essentiellement imprévoyant et irréfléchi; nous ne voyons le danger que lorsqu'il éclate, et alors nous nous l'exagérons à plaisir.

Un autre trait saisissant du caractère national, c'est que cette hardiesse, cette bravoure que nous déployons dans les entreprises guerrières, dans les circonstances où l'honneur du pays est engagé, nous ne savons plus la trouver lorsqu'il s'agit de nos intérêts personnels, de nos capitaux, de nos épargnes. Le Français qui affronterait le plus intrépidement des bataillons ennemis, perd la tête et se laisse entraîner à la panique dès que ses intérêts particuliers sont en jeu.

C'est ce qui explique la frayeur qui s'est emparée de la Bourse et des spéculateurs lorsque les paroles, si peu menaçantes pourtant, de l'Empereur, ont été connues dans le public.

Le sauve-qui-peut s'est fait entendre, et sous l'influence de la peur, — perfide conseillère! — les moutons de Panurge ont sauté à l'envi le fossé de la baisse.

En vain le *Moniteur officiel*, par une note explicite, a voulu rassurer les fuyards et les ramener à de plus saines appréciations! En vain les journaux se sont attachés à mettre, en regard des paroles adressées à M. de Hübner, celles qu'un instant auparavant l'Empereur avait adressées au nonce du pape. Tout a été inutile. Les fuyards ont fui de plus belle.

II

Qu'y a-t-il pourtant de changé dans la situation extérieure de l'Europe?

Les complications politiques qui ont tout à coup ému l'opinion publique et jeté le désarroi parmi les spéculateurs ne sont pas nées spontanément. Comme toutes les choses humaines, elles ont leur germe, qui s'est développé plus ou moins rapidement, et c'est ce développement que nous n'avons pas voulu voir, bien qu'il s'accomplît en quelque sorte sous nos yeux.

Pour tout esprit attentif et sensé, il était bien évident que le traité de Paris, signé en 1858 et acclamé avec tant de joie par tous les partis, par toutes les nuances de l'opinion, comme un gage de paix et de cordiale entente entre les puissances signataires, il était bien évident, disons-nous, que ce traité devait soulever, dans un temps prochain, des difficultés de plus d'un genre.

En effet, ce traité a posé des principes, mais il n'a pas ré-

solu les questions si complexes que soulève l'équilibre euro;
péen. Aussi, chaque fois qu'une de ces questions a été agitée,
les intérêts nationaux ont essayé de se substituer à l'intérêt
collectif.

Nous ne voulons pas énumérer ici les circonstances dans
lesquelles ces dissentiments se sont produits. Cette étude a un
caractère trop actuel pour qu'il soit nécessaire de remonter
dans le passé. C'est au lecteur de rappeler ses souvenirs, et de
se demander s'il n'y a pas quelque légèreté de sa part à s'être
laissé surprendre par une situation qui est écrite dans le traité
de Paris lui-même, et a ses causes immédiates dans chacun
des événements qui se sont accomplis au dehors et parmi
nous, pendant les trois années qui viennent de s'écouler.

Que l'on se rende compte des clauses principales du fa-
meux traité de 1856, et l'on verra que, sauf la proclamation
olennelle des principes du droit international, toutes celles
qui ont pour objet le règlement des intérêts européens sont
en opposition apparente ou latente avec l'article 1er.

Cet article 1er dit bien qu'à dater du jour de l'échange des
ratifications, il y aura paix et amitié entre la France, l'Angleterre, la Sardaigne, la Turquie, etc., etc. Mais la question des
embouchures du Danube, celle des principautés danubiennes
restaient pendantes, mais le sort de l'Italie n'était pas réglé.
On laissait subsister des traînées de poudre, avec défense d'y
mettre le feu, il est vrai, mais c'étaient précisément ces traînées de poudre qu'il fallait disperser.

Le congrès de Paris fit ce qu'il pouvait faire; l'histoire lui rendra cette justice. Ce qu'il n'a pas fait doit-il être accompli aujourd'hui par la voie des armes ou par la voie des négociations diplomatiques? La guerre va-t-elle de nouveau grever les grands-livres des nations européennes de charges accablantes, interrompre le travail créateur, les relations internationales? Ou bien resterons-nous dans la voie ouverte par le congrès de Paris? Soumettrons-nous à un tribunal européen l'arrangement des différends qui s'agitent autour de nous?

Tel est le problème que l'auteur de ce travail veut examiner loyalement.

IV

Y a-t-il aujourd'hui en Europe une nation qui ait un sérieux intérêt à faire la guerre ?

L'Angleterre a dans l'Inde des préoccupations douloureuses et des charges très-lourdes. Son activité industrielle et commerciale peut seule lui permettre de faire face aux nécessités qui la pressent de toutes parts.

La France est dans une situation meilleure; elle n'a aucun embarras au dehors, et la position éminente que lui ont faite, dans les conseils de l'Europe, la conduite et les résultats de la guerre de Crimée, lui permettent d'intervenir, avec une puissante autorité morale, dans les décisions des cabinets. Mais s'ensuit-il que la France ait un intérêt qui lui soit personnel à faire la guerre ?

Où est cet intérêt ? Est-ce un agrandissement de territoire ? Ce serait folie d'y songer. Le temps des guerres de conquêtes est passé sans retour. Ce qu'une nation gagne par la guerre, elle le perd par la guerre. L'exemple du premier empire est là pour le démontrer. La guerre de Crimée a prouvé au monde que désormais les seules guerres légitimes sont celles qui ont pour objet la défense du faible contre le fort, le maintien du droit et de la justice contre l'iniquité et la violence.

Oui, sous ce rapport et à ce point de vue, il resterait encore à la France plus d'une guerre légitime à entreprendre. Tant qu'une nationalité sera opprimée, tant qu'un droit sera méconnu et foulé aux pieds, tant qu'un peuple tendra vers nous ses mains suppliantes, la France aura le droit de faire la guerre. Mais elle n'en aura le devoir que lorsqu'elle aura épuisé tous les moyens pacifiques, toutes les négociations honorables, tout les appels à la conscience publique.

La France est le soldat de Dieu, c'est vrai ! mais ce soldat ne doit désormais tirer l'épée que lorsqu'un tribunal d'honneur, un congrès de toutes les puissances aura déclaré qu'il ne reste plus de voie ouverte aux transactions amiables, et que c'est à la force, armée au nom du droit, d'agir contre la force, armée au nom de l'iniquité ou de l'oppression.

Oui, la France aurait une guerre légitime à faire si d'aveugles résistances s'opposaient à ce que le sort des populations italiennes fût libéralement réglé. Mais ces résistances ont-elles été mises en demeure par ce haut tribunal arbitral dont nous parlions tout à l'heure ?

Non !

Or, c'est la décision suprême de ce tribunal qui peut seule légitimer aujourd'hui l'emploi de la force. Qu'on le veuille ou non, le congrès de Paris a créé un précédent dont l'importance politique et sociale ne peut plus être méconnue. Toutes les nations européennes, librement réunies, ont posé certains principes de droit international. C'est aux nations européennes de déclarer aujourd'hui, en présence de l'Italie frémissante, si elles entendent ou non renoncer à ces principes ; quelles sont celles qui abandonnent la cause du faible et de l'opprimé, la cause du droit et de la justice ; celles qui, au contraire, restent fidèles à cette cause sacrée.

Voilà où en est la France ; telles sont les loyales conditions que le congrès de Paris a apportées à son action décisive. Toute résolution qui ne serait pas conforme à cette règle de conduite risquerait de n'être pas sanctionnée par l'opinion publique, cette souveraine des temps modernes !

Nous cherchons en vain quelle est la nation qui, mieux que la France, peut entrer en campagne aujourd'hui pour entreprendre une guerre légitime.

Il n'en est point.

L'Autriche se débat au milieu d'embarras de toute nature, parmi lesquels les embarras financiers, si écrasants cependant, ne viennent pas en première ligne. Son concordat avec la cour de Rome lui a créé à l'intérieur des ennemis avec lesquels elle aurait à compter le jour où, par un aveuglement inexplicable, elle s'engagerait dans une lutte fatale.

La Russie, affranchissant ses serfs, construisant ses chemins de fer, est en pleine crise d'enfantement.

. . . . .

Le Piémont seul, dit-on, a intérêt à la guerre. C'est une erreur ! Non, le Piémont n'a pas intérêt à dépenser le sang et l'or de son peuple sur les champs de bataille. On s'exprimerait plus justement si l'on disait que le Piémont a, comme la France, un puissant intérêt à ce que le sort de l'Italie soit réglé ; à ce que l'Autriche abandonne ses prétentions à occuper des territoires qu'elle ne doit point occuper, à gouverner des races qui lui sont antipathiques ; à ce que Rome et

Naples entrent dans la voie libérale où lui-même il est si vail-
lamment entré.

Voilà quel est l'intérêt du Piémont, celui de la France et
aussi celui de l'Angleterre.

Si cet intérêt ne peut obtenir satisfaction que par la guerre,
sans doute on fera la guerre, mais comment saura-t-on qu'il
n'est pas d'autre voie que celle des armes, si d'abord on n'es-
saye solennellement d'atteindre le même but par la voie des
négociations, en congrès général ?

V

L'opinion publique redoute la guerre. C'est là une proposi-
tion qui n'a pas besoin d'être discutée. Ce qu'elle redoute par-
dessus tout, c'est la guerre qui n'aurait pas pour but une
cause juste et honorable.

Nous le vîmes bien lorsqu'éclata la guerre de Crimée. L'o-
pinion publique ne redoutait pas moins la guerre alors qu'aujourd'hui ; et cependant avec quel patriotique élan les em-
prunts nécessités par cette guerre lointaine furent couverts!
Quel puissant concours le gouvernement trouva dans l'opinion

publique; par ce fait seul que la guerre de Crimée était une guerre légitime et désintéressée! Avec quelles sympathies la nation consentait à tous les sacrifices qui furent exigés d'elle!

Il en serait de même aujourd'hui pour la guerre qui serait entreprise dans le but de donner à l'équilibre européen des bases équitables et normales par l'affranchissement des populations italiennes, s'il était avéré que la France, invoquant le traité de Paris, a mis les gouvernements qui oppriment ces populations généreuses en demeure de se prononcer et de décider eux-mêmes de leur propre destinée.

L'opinion publique ne se montrera favorable à la guerre qu'à cette condition.

VI

Il ne faut pas s'y tromper. C'est la question italienne qui est au fond de toutes les préoccupations actuelles.

Certains journaux ont essayé de donner le change à l'opi-

nion en appelant l'attention publique tantôt sur les principautés danubiennes, tantôt sur la Servie.

Qu'importe que l'Autriche, au mépris des traités, ait pro-
mis des secours éventuels au pacha qui gouverne Belgrade! On
est habitué à ces forfanteries de l'Autriche, qui a toujours le
verbe très-haut quand les fusils sont en faisceaux, et qui se
tait prudemment quand le canon gronde.

Une note collective, partie de Londres ou de Paris, aurait
arrêté à temps cette velléité.

Non ! il ne faut pas craindre de mettre le doigt sur la véri-
table plaie, celle qui saigne. Cette plaie est en Italie.
Examinons :

Les provinces lombardo-vénitiennes, que l'Autriche tient
sous sa main de fer, sont arrivées à un degré d'irritation qui
oblige les puissances européennes à s'occuper de leur sort.
Le peuple lombardo-vénitien ne supportera pas longtemps le
joug que fait peser sur lui le gouvernement autrichien. Il y a
là, entre les gouvernants et les gouvernés, quelque chose de
supérieur aux questions de principes et de forme gouverne-
mentale, c'est une invincible antipathie de races. L'Autriche
se montrerait demain aussi libérale, aussi paternelle, aussi
équitable qu'elle l'est peu, cette antipathie subsisterait. Figu-
rons-nous la France conquise et gouvernée par des caporaux
autrichiens analogues à ceux que l'Autriche avait envoyés

dans les principautés danubiennes ; supposez que ces caporaux sont bienveillants, justes, qu'ils respectent nos droits, nos libertés, nos consciences, nos biens, nos familles, nous ne les maudirons pas moins et chacun de nous considérera comme un devoir sacré dechasser l'étranger du territoire national.

Les Lombards-Vénitiens en sont là.

En toute chose, il vaut mieux prévenir que réprimer. L'Europe a donc un puissant intérêt d'ordre à prévenir des explosions qu'il serait impossible peut-être de circonscrire. La France surtout a un intérêt tout particulier à ce que cette traînée de poudre ne s'enflamme pas. Elle a intérêt à dénouer, s'il est possible, le nœud qui unit ces patientes et courageuses populations à l'Autriche. Le nœud ne devra être tranché par le glaive que lorsque l'impossibilité de le dénouer aura été démontrée.

Où donc et par qui cette démonstration peut-elle être faite, si ce n'est dans le sein d'un congrès et par les représentants des puissances qui, dans leur déclaration collective du 16 mars 1856, ont posé les bases du droit des gens ?

Mais, dit-on, l'Autriche peut-elle consentir, consentira-t-elle jamais à se laisser déposséder du plus beau fleuron de sa couronne, de ces riches possessions italiennes qui lui donnent de si magnifiques produits et lui permettent d'exercer une si grande influence sur les affaires de la Péninsule italique ?

VII

La question est grave et vaut la peine d'être examinée.

Les nations civilisées ont introduit dans leur législation un principe dont les conséquences ont été immenses en ce qu'il a permis d'accomplir les grands travaux de chemins de fer et autres, qui ont établi entre les peuples une solidarité nouvelle.

Ce principe est celui de l'expropriation pour cause d'utilité publique, moyennant une indemnité préalable.

Comment les choses se passent-elles?

Vous êtes commodément installé dans la maison, dans le champ que vous a légué votre père ou que vous avez conquis par votre labeur. Ce clocher là-bas est celui qui sonna le glas de votre mère, qui sonna son joyeux carillon pour votre mariage ou le baptême de vos enfants. Vous avez fait le vœu de mourir dans ce coin de terre béni où tout vous sourit à la fois, le présent, le passé et l'avenir.

Arrivent les représentants d'une compagnie; ils vous apprennent, qu'à la place où est votre maison ils vont creuser un canal ou poser des rails.

Vous vous récriez.

La loi est inflexible. Vos convenances privées, votre intérêt personnel doivent s'effacer devant l'intérêt collectif. On vous rassure cependant, on vous dit que vous serez indemnisé soit amiablement, soit conformément à la décision d'un jury spécial.

Et c'est justice!

Le jury, en effet, apprécie la valeur de votre chose, et, en compensation du dommage qui vous est causé, vous recevez un prix déterminé.

Nous ne voulons pas examiner la question de savoir si l'Autriche est bien légitimement propriétaire des provinces lombardo-vénitiennes. Elle les possède en fait, et nous admettons qu'elle les possède en droit.

De deux choses l'une : ou elle sera dépossédée, moyennant indemnité préalable, pour cause d'utilité et de moralité publiques, ou elle résistera à cette dépossession, et dans ce cas elle sera dépossédée par la force.

Dans le premier cas il y a évidemment lieu à indemnité.

De quelle nature serait cette indemnité, quelle serait son importance?

Ce n'est pas à nous de le dire. C'est au Congrès européen qu'il appartiendrait de résoudre cette question. Nous devons nous borner à l'indiquer ici. L'Autriche a elle-même appliqué

ce principe de l'indemnité lorsqu'elle a dépossédé son aristo-
cratie des droits féodaux. Elle a fait alors, en ce qui la con-
cernait, ce que l'Europe sera bientôt appelée à faire en ce
qui concerne les possessions austro-italiennes. Le motif qui
a poussé l'Autriche à racheter ses droits féodaux est le même
qui pousse instinctivement la France à secourir l'indépendance
italienne. L'Autriche a compris qu'en prenant l'initiative de ce
rachat des droits féodaux, elle prévenait dans son sein une
révolution qui pouvait être terrible. La France comprend
qu'en obligeant, amiablement ou par la voie des armes, les
gouvernements italiens à se modifier dans le sens de la civilisation, elle préviendrait aussi un conflit dont il est impossible de prévoir l'issue.

Du particulier au général, la situation est la même. Pourquoi l'Autriche ne consentirait-elle pas à faire pour le repos
et l'assiette de l'Europe ce qu'elle a fait pour son propre repos
à elle ?

Remarquez que nous n'admettons pas comme chose facile
l'hypothèse de ce consentement. Nous disons seulement qu'il
faut agir à l'égard de l'Autriche comme on agit à l'égard du
propriétaire dont nous parlions plus haut, c'est-à-dire les
mettre en demeure de vider les lieux, de sacrifier, moyennant
indemnité, ses convenances et son intérêt personnel à l'intérêt collectif.

Sinon, on aura recours à la force.

Les armées européennes ne sont plus que des corps de gen-
darmerie chargés de faire exécuter la loi et de faire prévaloir
l'intérêt européen sur les intérêts isolés. Ces corps de gen-
darmerie français, anglais, sardes, turcs, ont fait la police en
Crimée contre le czar. Ils la feraient demain contre l'Autriche,
si c'était nécessaire, si l'Autriche ne se rendait pas aux somma-
tions qui lui seraient adressées.

VIII

Faite dans ces conditions, la guerre serait soutenue par l'o-
pinion publique.

Mais si légitime qu'elle soit, toute guerre, dans l'état actuel
des relations internationales, est un fléau, une calamité.

Nous venons de démontrer que cette guerre est possible.
Mais si malheureusement elle éclate, la responsabilité devra
en retomber sur ceux-là seulement qui l'auront rendue inévitable par leur résistance et leur aveuglement.

Nous avons d'examiné la situation des provinces lombardo-vénitiennes. Est-ce là seulement que doit se porter la sol-

licitude de l'Europe en général et celle de la France en particulier?

Ce sont les faits qui vont répondre.

IX

Nous ne mentionnons que pour mémoire les duchés de
Parme et de Modène qui sont des satellites autrichiens, desti-
nés à subir le sort de l'astre dans le tourbillon duquel ils sont
entraînés.

Nous arrivons sans transition aux deux grandes individuali-
tés de la Péninsule : Rome et Naples.

Les États romains sont un contre-sens à la civilisation européenne, non parce qu'ils sont soumis à la domination du pape,
mais parce qu'ils sont gouvernés et administrés contraire-
ment aux principes qui régissent les nations civilisées, con-
trairement aux vœux des populations romaines.

Un pays où un enfant peut être ravi à sa famille parce que
cette famille ne professe pas la religion catholique, et parce
que cet enfant a été subrepticement baptisé par une servante,

n'est pas, ne peut être membre de la famille européenne, qu'à la condition de se réformer.

Un pays, où le gouvernement ne se soutient qu'avec le concours de baïonnettes étrangères, est évidemment dans une situation qui ne peut se prolonger sans péril.

Faut-il déposséder et indemniser le pape, comme l'ont proposé certains publicistes? Faut-il se borner, comme le demandait l'empereur Napoléon III, lorsqu'il était président de la république française, dans sa célèbre lettre à M. Edgard Ney, faut-il disons-nous, se borner à séculariser et à perfectionner ce gouvernement et cette administration?

Nous n'avons pas à entrer dans l'examen de ces questions très-graves et très-complexes, dont la solution appartient à la diplomatie européenne.

Notre tâche consiste seulement à mettre en évidence les impossibilités absolues qui s'opposent au maintien de la situation actuelle de l'Italie, et les solutions probables qui surgissent des événements.

Or, pas plus que les provinces lombardo-vénitiennes, les États romains ne peuvent rester dans la position précaire et transitoire que leur fait l'occupation étrangère.

Ah! si les populations romaines, aussi bien que celles de la Lombardo-Vénétie, supportaient patiemment le joug qui pèse sur elles, si elles étaient façonnées à cette servitude et qu'elle ne leur fût pas odieuse, l'Europe n'aurait rien à dire!

Mais il en est autrement. Le gouvernement papal tomberait le lendemain du jour où nous refuserions de le soutenir, et les Lombards-Vénitiens ne sont contenus que par la force. Le volcan est en ébullition et sa lave peut, d'un moment à l'autre, s'échapper avec fracas.

Là est le droit d'intervention de l'Europe et surtout celui de la France. Ce droit est le même que celui que nous avons, nous simples citoyens, de mettre le pied sur la mèche qui peut allumer un incendie.

Cette intervention sera pacifique et conciliante d'abord; elle sera guerrière, si tous moyens de conciliation, ce qu'à Dieu ne plaise! sont obstinément repoussés.

X

Le royaume des Deux-Siciles est-il dans une situation différente de celle que nous venons d'esquisser pour les Etats romains et les provinces lombardo-vénitiennes?

Pour répondre à cette question, il suffirait de rappeler aux lecteurs le différend à la suite duquel les relations diplomatiques furent interrompues entre la cour de Naples et les cabinets de Paris et de Londres.

En remontant plus haut, nous rencontrerions les événements qui ont ébranlé le trône de Ferdinand II, le bombardement de Messine, les fusillades, les proscriptions, etc.

Notre argumentation n'a pas besoin de preuves si éclatantes. Le gouvernement napolitain est hostile aux idées modernes, — et par là nous n'entendons pas les chimères politiques, les utopies sociales qui ont si profondément effrayé les esprits de 1848 à 1852, — nous voulons parler des sages idées libérales que le dix-neuvième siècle a pratiquées et pratique non-seulement en Angleterre, en France, en Belgique, en Espagne, en Piémont, mais en tous pays civilisés, de ces principes désormais impérissables, qui garantissent l'égalité devant la loi, la liberté de conscience, le droit d'exprimer sa pensée en se conformant aux lois, l'avenir des enfants dans la famille, etc., etc.

Le royaume de Naples est contenu par une force armée considérable dont les principaux éléments sont fournis par des contingents étrangers, à la solde du trésor napolitain. Les Suisses et les Allemands qui composent les plus beaux régiments de l'armée napolitaine ne fournissent pas gratuitement leurs services. C'est la seule différence qui existe entre le point d'appui qui soutient le gouvernement des Deux-Siciles et celui qui soutient le gouvernement pontifical; celui-là paye les corps d'armée étrangers qui le défendent, celui-ci les a à titre gratuit.

Mais au fond, leur situation est la même : supprimez les armées étrangères, et les deux gouvernements s'écrouleront en même temps devant les mécontentements populaires.

Ainsi, de l'extrémité nord à l'extrémité sud de l'Italie, le sol est miné ; l'opinion publique, surexcitée, fermente dans des conciliabules secrets, que la police ombrageuse surveille en vain. Une étincelle, une proclamation insensée, peut mettre le feu à ces traînées de poudre et livrer à des violences et à des réactions sanglantes des populations qui n'auront d'autre tort que celui du malade qui se retourne dans son lit de douleur.

Est-ce là une situation normale que les puissances européennes puissent tolérer ? Nous ne le pensons pas, et ce qui se passe en ce moment sous nos yeux nous prouve que l'heure est venue où le droit doit prévaloir.

Nous faisons des vœux ardents pour que ce légitime triomphe s'accomplisse amiablement, pacifiquement, par la voie des transactions diplomatiques, au nom des puissances signataires du traité de Paris et gardiennes de la paix européenne. Dans le cas contraire, si l'épée sort du fourreau, il faut que l'opinion publique marche avec les armées libératrices, et que la responsabilité du sang versé retombe, tout entière, sur ceux dont la résistance aura provoqué l'emploi de la force.

XI.

Quelles sont les chances d'un arrangement amiable?
Quelles sont les chances de guerre?

L'Empereur Napoléon III prononça à Bordeaux une parole qui eut un grand retentissement :

L'Empire, c'est la paix ! dit-il.

L'Empire ne peut être la paix à tout prix. L'Empereur voulait dire qu'il rechercherait les moyens de rendre la paix grande et durable; mais un gouvernement ne peut pas plus s'engager à ne pas faire la guerre qu'un simple citoyen ne peut s'engager à ne jamais se battre en duel.

Chacun de nous peut se promettre de ne jamais provoquer son voisin, d'apaiser les querelles; mais si nous voyons un être faible opprimé devant nous ; si notre mère, notre sœur, notre femme reçoivent une de ces insultes dont on ne peut demander la réparation aux tribunaux ; si nous la recevons nous-mêmes, il faudra bien pourtant que nous ayons recours à ces réparations que nos mœurs tolèrent, parce qu'elles sont indispensables en certaines circonstances.

Il en est de même du gouvernement impérial ; il a bien pu s'engager devant l'opinion à ne pas entreprendre de guerres de conquêtes, à ne point allumer, par d'injustes prétentions, ces incendies qui dévorent des générations entières ; mais le jour où la Russie, marchant sur Constantinople, allait troubler l'équilibre européen, que devait-il faire ?

Il devait éclairer le czar, lui démontrer l'iniquité et les périls de son entreprise, lui conseiller d'y renoncer ; puis, quand cet appel était méconnu, opposer la force à la force, coaliser le droit contre l'injustice.

Dans les circonstances présentes, c'est la même conduite que nous avons à tenir, et comme le temps a amélioré les procédés de la paix aussi bien qu'il a perfectionné les procédés de la guerre ; comme la guerre de Crimée a eu pour conséquence de réunir autour de la même table tous les représentants des nations européennes ; comme il existe aujourd'hui quelque chose d'analogue à un conseil de famille, une haute cour arbitrale qui, en 1856, a proclamé d'un commun accord certains principes, il en résulte que l'Europe a aujourd'hui à sa disposition un instrument de paix qu'elle n'avait pas lorsqu'éclata la guerre de Crimée.

Il est bien évident que si l'Empereur des Français, par

exemple, d'accord avec un ou plusieurs de ses alliés, faisait appel à tous les souverains qui ont ratifié les divers traités, conventions et déclarations de 1856, et, au nom de ces mêmes traités, leur soumettait la question de savoir s'il est bon, s'il est moral, s'il est de bonne politique de laisser subsister, au cœur de l'Europe, une menace permanente de trouble et d'insurrection, un volcan qui peut, d'un instant à l'autre, ravager tout ce qu'il rencontrera sur son passage ; il y aurait beaucoup de chances pour que cet appel fût entendu, pour que la situation de l'Italie fût réglée pacifiquement, pour que l'Autriche, Rome et Naples fissent, sous cette pression morale, qui aurait la force pour sanction, des concessions importantes.

Il n'est pas possible que les souverains européens qui se sont trouvés d'accord pour déclarer :

1° Que la course est abolie ;

2° Que le pavillon neutre couvre la marchandise, à l'exception de la contrebande de guerre ;

3° Que la marchandise neutre, à l'exception de la contrebande de guerre, n'est pas saisissable sous pavillon ennemi ;

4° Que les blocus, pour être obligatoires, doivent être effectifs, c'est-à-dire maintenus par une force suffisante pour interdire réellement l'accès du littoral ennemi ;

Il n'est pas possible, disons-nous, que les souverains, unis par des principes si avancés et si humains, ne sentent pas que la guerre est un procédé extrême auquel on ne doit recourir que lorsque toutes les voies de conciliation ont été épuisées, et que la meilleure politique, autant que le soin des intérêts internationaux, consiste à en prévenir l'explosion.

Nous prévoyons bien tout ce que l'on peut objecter à une solution de cette nature. La lenteur des décisions, les intrigues, les mauvaises volontés, les coalitions contre une cause juste. On peut dire que le congrès européen serait ainsi libre de parquer les nationalités et de tenir les peuples sous un joug détesté.

Sans doute, les choses humaines se font et se feront toujours par des moyens humains, c'est-à-dire imparfaits. Combattre une création quelconque par cet argument qu'elle ne sera pas parfaite, c'est une puérilité.

Admettez que le congrès, auquel seraient soumis les différends européens, ne tiendra compte ni des périls imminents, ni des éventualités, ni des sacrifices inhérents à l'état de guerre, la guerre n'en restera pas moins ce qu'elle est aujourd'hui, le moyen suprême, l'*ultima ratio*. Au pis aller, nous serons réduits à l'emploi de la force, mais nous aurons, du moins, fait tout ce qu'il était en notre pouvoir de faire pour l'éviter, et la responsabilité de la guerre appartiendra, devant l'histoire et devant la postérité, à ceux qui l'auront rendue inévitable.

Consultons l'histoire d'ailleurs : que nous apprend-elle?

Lorsque la France accomplit sa grande révolution, l'Europe se coalisa contre elle pour lui imposer un roi et la forcer à se rétracter elle-même. L'Europe avait tort, la France était dans son droit, et seule elle fit prévaloir son droit contre la coalition européenne.

On a souvent dit qu'il y avait quelque chose de plus fort qu'un boulet de canon : c'était une idée juste! Une cause juste sera plus forte aussi que tous les congrès.

Allons au pis! admettons que tous les souverains de l'Europe décident, par leurs représentants, que la situation de l'Italie n'est susceptible d'aucune modification; que l'Autriche, maîtresse du nord de la Péninsule, fait ce qu'elle doit faire et que les Lombards-Vénitiens sont des mécontents qu'il faut contenir et châtier au besoin; que les États romains sont gouvernés et administrés aussi libéralement, aussi paternellement que possible; que le roi de Naples est, comme le charbonnier, maître chez lui, et que nul n'a le droit de se mêler de ses affaires intérieures.

Une pareille décision changerait-elle l'état des choses, et l'Italie en serait-elle moins ce qu'elle est? Le danger d'une explosion révolutionnaire serait-il amoindri?

Non! cette explosion viendrait, à un moment donné, prévonir les Pangloss de la diplomatie que tout n'est pas précisément pour le mieux dans le meilleur des mondes possibles.

Puisque nous sommes dans la voie des suppositions, qu'on nous en permette une autre.

L'Angleterre est aux prises, dans l'Inde, avec la plus formidable insurrection qui ait jamais étonné le monde.

Supposez pour un instant que les nations européennes eussent eu un intérêt immédiat à s'occuper de ces vastes contrées, et que, voyant où allaient aboutir les excès de l'administration anglaise, saisies des plaintes de ces populations opprimées, elles eussent engagé l'Angleterre soit à modifier, à améliorer son système d'administration, soit à ne tenir aucun compte des griefs formulés par ces misérables Hindous.

Que serait-il arrivé?

Dans le premier cas, l'Angleterre, tenant compte des avertissements qui lui étaient donnés, aurait pu prévenir la révolution qui l'a si cruellement frappée ; dans le second cas, elle aurait persisté dans ses errements, et l'approbation donnée à sa conduite par un congrès européen n'aurait pas empêché cette insurrection d'éclater ; que dis-je? elle l'aurait peut-être précipitée.

Il n'y a donc pas à craindre que le puissant instrument pacifique, créé à la suite de la guerre de Crimée, devienne un instrument d'oppression. Les arrêts du congrès européen seraient contrôlés par un juge devant lequel s'inclinent tous les juges, par cette opinion publique dont l'empereur Napoléon III a dit avec raison que c'était à elle « qu'en définitive appartenait toujours la dernière victoire. »

XII

Mais cet instrument pacifique date d'hier; nous ne sommes pas encore familiarisés avec lui; l'idée de soumettre à une haute cour diplomatique et arbitrale les différends internationaux, comme les particuliers soumettent à des tribunaux civils leurs prétentions contraires, cette idée n'est pas encore entrée dans un très-grand nombre d'esprits, même fort distingués. Ce qui s'est passé après la guerre d'Orient doit cependant éclairer les moins clairvoyants. Le congrès de Paris a été quelque chose de plus qu'une réunion accidentelle et fortuite : il a eu tous les caractères d'une grande institution.

Les circonstances actuelles sont favorables au fonctionnement de cette institution éminemment civilisatrice. Pourquoi ne pas expérimenter ce qu'on pourrait attendre d'elle dans une occasion aussi décisive et aussi grave que celle où nous nous trouvons?

Puisque tous les bons esprits s'accordent aujourd'hui à reconnaître que la guerre, même la plus légitime, est un procédé ruineux auquel il ne faut recourir que dans les cas extrêmes, pourquoi n'épuiserait-on pas d'abord tous les moyens de conciliation et d'arrangement ?

Ah ! il faut bien le dire : c'est qu'il est plus facile de faire la guerre que de faire la paix.

La guerre a été si longtemps le principal mode d'activité et de formation des nations libres, qu'elle est restée dans les mœurs publiques. Tous les gouvernements sont outillés pour la guerre ; ils ont des armées permanentes sur pied, des arsenaux, des flottes, des parcs d'artillerie, des manufactures d'armes ; à un moment donné, chacun d'eux peut mettre sur pied, sans trop d'efforts, un nombre plus ou moins considérable de régiments d'infanterie et de cavalerie. Les souverains eux-mêmes, dans toutes les réunions solennelles, apparaissent avec le caractère et le costume de chefs militaires. Leurs fils sont colonels, généraux, amiraux, dès qu'ils atteignent l'âge de quinze à seize ans ; il n'est pas un fils de roi qui se soit fait ingénieur ou mécanicien. Dès que deux princes se visitent, la première fête qu'ils se donnent est le spectacle d'une revue militaire.

Nous sommes donc toujours prêts à la guerre, et le vieil adage :

Si vis pacem, para bellum,

s'il était vrai, nous aurait déjà conduits à la réalisation du rêve de l'abbé de Saint-Pierre, car l'Europe prépare la guerre continuellement depuis plus de dix siècles, et elle est toujours sur le qui-vive, d'autant plus éloignée de la paix qu'elle prépare la guerre.

Voilà pourquoi la guerre est toujours imminente à propos du moindre différend international. C'est sitôt fait et c'est si facile de tirer l'épée ! Il fut un temps où nos mœurs privées étaient si batailleuses que, pour le plus léger malentendu, pour un regard de travers, pour un rien, et par manière de passe-temps quelquefois, les particuliers mettaient flamberge au vent et se battaient n'importe où, au coin d'une place publique, sous un réverbère.

On a trouvé que c'était mal; on a édicté des peines terribles contre le duel, et le duel a fini par n'être plus qu'un moyen extrême et fort rarement employé de venger certaines offenses.

Ce sont les gouvernements qui ont amené à ce point les particuliers, et l'opinion publique y amènera les gouvernements.

XIII

Les peuples sont de plus en plus antipathique à la guerre. Ce n'est pas seulement parce que les intérêts matériels ont acquis une prépondérance considérable; c'est surtout parce que les intérêts moraux ont tout à y perdre.

Ayons une guerre légitime, une guerre où nous ayons pour nous le droit et que nous n'aurons entreprise qu'après avoir épuisé tous les moyens honorables de conciliation, et vous verrez les intérêts matériels se sacrifier eux-mêmes avec une rare abnégation. Mais ce qu'une nation ne sacrifiera jamais de gaieté de cœur, ce sont ses droits, sa dignité, son honneur.

Or, dans les questions actuellement pendantes et dont la solution est prochaine, les gouvernements contre lesquels nous pourrons nous trouver engagés rencontreront à la fois dans leur propre sein la résistance des intérêts matériels, et celle bien plus puissante, des intérêts moraux.

Et ce n'est pas chose à dédaigner que la force morale, la conscience du bon droit même sur les champs de bataille!

L'Autriche, si, malheureusement pour elle, elle en appelait aux chances des combats, pourrait-elle avoir cette conscience et cette force ? Tout le sang versé ne retomberait-il pas sur elle ? Ne verrait-elle pas se dresser contre elle les peuples opprimés ? Ne jouerait-elle pas, à ce jeu terrible des batailles, sa propre existence ?

Il est bien entendu qu'en parlant ainsi de l'Autriche, nous parlons de la dynastie de Hapsbourg et non de la nation autrichienne, qui n'est pas complice des iniquités de son gouvernement, et qui proteste tout bas contre l'assimilation forcée de races hétérogènes.

XIV

Résumons-nous !

La pensée qui a inspiré cet écrit n'a pas besoin d'être plus complétement développée. Nous croyons avoir exprimé un sentiment général autant qu'un sentiment généreux, en dehors de toute préoccupation d'esprit de parti.

En présence des éventualités qui nous menacent, il nous a semblé que ce sentiment devait éclater.

La France ne craint pas la guerre, mais elle ne la veut pas, elle ne la désire pas. Elle ne se décidera à la faire et à consentir les sacrifices qu'entraîne toute entreprise guerrière, que si cette guerre est légitime et inévitable.

Pour être légitime, au temps où nous sommes, la guerre doit avoir un but hautement avouable.

La situation de l'Italie et les craintes qu'inspire, à bon droit, la fermentation des esprits dans ces belles et malheureuses contrées, justifient les appréhensions et la sollicitude de la France.

Une guerre entreprise pour pacifier et doter d'un régime en harmonie avec leurs mœurs, leurs aptitudes et leurs instincts, ces races que le joug étranger et l'absolutisme n'ont pu courber, une telle guerre serait évidemment légitime. La France est, vis-à-vis des gouvernements qui oppriment l'Italie, dans le cas de légitime défense. Elle peut leur dire : Je ne veux pas qu'à mes portes et sous mes yeux vous opprimiez des peuples qui n'ont pour vous que de l'antipathie, et dont les soulèvements peuvent, à un jour donné, compromettre mon repos et celui de l'Europe; il ne me convient pas que vous étouffiez tout droit, toute justice, toute liberté.

Ce langage, la France a incontestablement le droit de le

tenir et de prendre toutes les mesures nécessaires pour que sa volonté soit respectée.

Mais il ne suffit pas que la guerre soit légitime. Il faut encore qu'elle soit inévitable, c'est-à-dire qu'elle soit entreprise alors seulement que tous les moyens de pacification, d'exhortation, d'arrangement amiable ont été tentés.

Après le congrès et le traité de Paris, nulle puissance ne peut, à elle seule, épuiser les voies de conciliation, prendre à elle seule une résolution qui pourrait entraîner l'armement de toutes les nations européennes.

Le congrès de Paris a créé un précédent. Toutes les puissances signataires du traité du 30 mars 1856 sont solidaires les unes des autres. Des intérêts communs les unissent désormais. Elles ont ensemble posé les bases d'un droit nouveau, posé les bases et les conditions de la paix; c'est à elles de décider si les puissances que préoccupe et qu'inquiète, à juste titre, la situation des populations italiennes, doivent ou non tirer l'épée. C'est au congrès européen de discuter avec les gouvernements autrichiens, romains et napolitains, les conditions de leur transformation.

Si cette discussion n'aboutit pas, si les gouvernements d'Autriche, de Rome et de Naples résistent à cette pacifique intervention, s'ils repoussent les conseils de l'Europe, s'ils se refusent à toute concession équitable, les positions seront du moins dessinées ; on saura quelles sont les puissances qui approuvent, celles qui condamnent cette résistance, et la guerre aura alors le double caractère qu'elle doit revêtir de nos jours : elle sera légitime et inévitable.

Légitime, puisqu'elle aurait pour objet de prévenir des explosions dont il est impossible de prévoir les effets, et dont les éclats frapperaient peut-être ceux qui s'y attendent le moins ;

Inévitable, puisqu'on aurait fait tout ce qu'il était humainement possible de faire pour l'éviter.

On peut, nous le savons, équivoquer sur l'imminence du danger ; on peut dire que la puissance qui pèse sur les provinces lombardo-vénitiennes est assez vigoureuse pour les contenir, et contenir au besoin l'Italie tout entière.

Cette objection est de tous les temps. On peut toujours dire, tant qu'un événement ne s'est pas produit, qu'il a des chances de ne pas se produire.

La sagesse humaine consiste à prévenir et à prévoir. A qui persuadera-t-on que l'Italie est dans une situation normale ?

Est-ce une chose normale que des races germaniques gouvernent des peuples méridionaux ? N'y a-t-il pas entre les gouvernants et les gouvernés des antipathies invincibles ?

Rappelons-nous ce qui se passa en Grèce lors de la formation du royaume hellénique et de l'établissement de la monarchie. Le roi Othon, fils du roi de Bavière, arriva à Nauplie d'abord, puis à Athènes, escorté d'une petite armée bavaroise. Cette armée, par ce fait seul qu'elle était un élément étranger, souleva dans la population de telles animosités, qu'on dût la réexpédier en Bavière. Le roi Othon dut gouverner les Grecs par des Grecs, et lui-même devint Grec par la religion, par la langue, par le costume même.

L'Autriche ne s'est pas faite italienne en Italie ; elle y est restée autrichienne ; elle y a même exagéré son caractère national, ses mœurs tudesques.

Mais en admettant que l'Autriche fut aussi paternelle, aussi conciliante, aussi intelligente, aussi aimée qu'elle l'est peu, le fait seul de sa présence dans ces belles contrées serait encore une anomalie.

Le jour où l'Europe a permis qu'un Etat indépendant, un gouvernement constitutionnel s'élevât en Italie, ce jour-là elle a implicitement résolu la question italienne ; elle a donné à tous les peuples de la Péninsule un exemple à imiter, un but à atteindre ; ce jour-là, la patrie italienne a existé, et le drapeau piémontais est devenu le point de ralliement de toutes les aspirations généreuses.

Comment faire croire aux habitants des provinces lombardo-vénitiennes qu'ils doivent s'estimer heureux de subir un gouvernement étranger, qu'il est bon et équitable qu'ils soient privés de toute individualité nationale, de tout droit, de toute spontanéité, quand, à quelques lieues de distance, ils voient leurs frères, leurs compatriotes, jouir librement de tous les biens dont ils sont privés?

Comment l'Italie tout entière n'aurait-elle pas les yeux fixés sur le Piémont? Comment ne serait-elle pas attentive à toute parole tombant du haut de cette tribune constitutionnelle? Comment le discours prononcé ces jours derniers par le roi Victor-Emmanuel, à l'ouverture des Chambres, n'aurait-il pas dans toute âme italienne un profond retentissement?

Si les puissances européennes ne voulaient pas que l'Italie aspirât à son indépendance, elles n'auraient pas permis que le Piémont fût ce qu'il est. Mais quand on place la poudre d'un côté, l'étincelle de l'autre, on doit s'attendre à ce que la poudre s'enflamme.

Un journal, qui reçoit en certaines circonstances des communications semi-officielles signées du nom de son rédacteur en chef, publiait ces jours derniers, sur le sujet qui nous occupe, des lignes qu'il est bon de rappeler :

« L'Italie est agitée, disait-il, cela est incontestable. Les uns s'en réjouissent, les autres s'en effrayent. Merveilleuse occasion pour les alarmistes qui exploitent les récits exagérés des uns pour les propager, et l'effroi des autres pour l'accroître. Ces alarmistes ont deux moyens d'augmenter les inquiétudes : ils présentent, sans la connaître, la situation de l'Italie sous l'aspect le plus grave, et ils répandent les idées les plus fausses sur les dispositions de la politique du gouvernement. Comme il leur est impossible de la faire soupçonner de faiblesse, ils lui imputent le caractère de la témérité et l'esprit d'aventure.

» Le gouvernement français n'a-t-il donc pas acquis le droit d'inspirer d'autres appréciations ? Sa conduite dans les questions européennes auxquelles il a pris part durant les dernières années n'a-t-elle pas été, en toute circonstance, empreinte d'un esprit de sagesse et de modération, que les cabinets se sont plu maintes fois à reconnaître ? et tous ses actes antérieurs ne protestent-ils pas contre les allures qu'on se plaît à lui attribuer aujourd'hui ?

» Oui, sans doute, l'*Italie est agitée*; mais cette agitation est-elle de nature à provoquer l'intervention armée des puissances dans les affaires de la péninsule ? Oui, certaines mesures prises récemment par l'administration autrichienne *ont soulevé en Lombardie des manifestations dont nous ne voulons point contester le caractère;* mais pour qu'une guerre fût possible, pour qu'elle fût profitable, *il faudrait que les traités fussent violés ou menacés.* Et qui oserait prendre sur lui de provoquer de plein gré la guerre ? Qui oserait assumer une aussi redoutable responsabilité ?

« Assurément si, contre toute attente, *une éventualité pa-*

reille se présentait, le gouvernement français *ne pourrait hé-siter* à prendre les résolutions les plus propres à sauvegarder les intérêts du pays ; mais nous sommes assurés à l'avance que, dans cette hypothèse même, il ne s'écarterait en rien de cette droiture et de cette prudence réfléchie qu'il est habitué à porter dans ses relations internationales. »

Ce langage est destiné à rassurer le public, et nous ne demandons pas mieux que de le rassurer aussi, mais comme on rassure des hommes et non comme on rassure des enfants.

L'article que nous venons de citer prouve une chose : c'est que l'Italie est en ce moment le point culminant de la situation européenne. On constate que l'Italie est agitée, que l'administration autrichienne a provoqué des mécontentements très-graves. Mais, dit-on, cette agitation n'est pas de nature à provoquer l'intervention armée des puissances dans les affaires de la péninsule. Pour que la guerre fût possible ou probable, il faudrait que les traités fussent violés ou *menacés*.

Mais les traités sont menacés par l'agitation elle-même. L'Autriche fait avancer des troupes pour contenir l'agitation. L'agitation n'en existera pas moins. Elle existe depuis que l'occupation étrangère existe, depuis que l'Autriche, indépendamment des provinces qui lui appartiennent, occupe les légations et les duchés. Elle existait, il y a trois ans, lorsque M. de Walewski, ministre des affaires étrangères, appela l'attention du Congrès sur la situation de l'Italie et sur la nécessité de prévenir des complications menaçantes.

Car, en définitive, nous nous étonnons de ce qui se passe aujourd'hui ; nous avons l'air d'être surpris par les événements, par des éventualités prochaines, et ces événements, ces éventualités étaient déjà prévus, lorsque le congrès se réunit à Paris, en 1856.

Les observations qui furent échangées à cette époque entre les plénipotentiaires sont consignées dans des protocoles que chacun de nous a lus.

Il ne s'agissait alors, suivant les expressions de M. le comte Walewski, « ni d'arrêter des résolutions définitives et de prendre des engagements, encore moins de s'immiscer directement dans les affaires intérieures des gouvernements, représentés ou non représentés au congrès, mais uniquement de consolider, de compléter l'œuvre de la paix, en se préoccupant *de nouvelles complications qui pourraient surgir, soit de la prolongation indéfinie ou non justifiée de certaines occupations étrangères, soit d'un système de rigueurs inopportunes, impolitiques,* soit d'une licence perturbatrice contraire aux devoirs internationaux. »

Ce sont ces complications, prévues dès l'année 1856, qui éclatent aujourd'hui. Peut-on s'en étonner ? A-t-on le droit d'en être surpris ?

Les plénipotentiaires de l'Autriche, malgré leurs récusations, ne purent cependant s'empêcher de s'associer au vœu exprimé par les plénipotentiaires de la France : « de voir les États pontificaux évacués par les troupes françaises et autrichiennes, aussitôt que faire se pourrait sans inconvénient pour la tranquillité et pour la consolidation de l'autorité du Saint-Siége. »

Il fut constaté également que « la plupart des plénipotentiaires n'avaient pas contesté l'efficacité qu'auraient des mesures de clémence, prises d'une manière opportune par *les gouvernements* de la Péninsule italienne et surtout par celui des Deux-Siciles. »

Trois années se sont écoulées; les vœux n'ont pas été exaucés en ce qui concerne l'occupation des États romains. Le roi des Deux-Siciles a redoublé de rigueurs inopportunes et impolitiques; aucune mesure générale de clémence n'a été prise.

Et pourtant la situation que la plupart des plénipotentiaires jugeaient déjà périlleuse au mois de mars 1856 ne peut se prolonger indéfiniment. Les esprits sont exaltés ou aigris; aux sentiments du plus généreux patriotisme, aux plus nobles aspirations succèdent dans les âmes des passions violentes, des haines profondes.

Faut-il attendre que ces passions et ces haines éclatent?

Nous savons que certains cabinets ne demanderaient pas

mieux que d'avoir à réprimer des insurrections partielles pour justifier des systèmes politiques injustifiables, pour motiver de plus rigoureuses compressions.

Mais l'Europe n'a-t-elle pas un intérêt contraire?

Si, en 1856, il ne s'agissait pour le congrès ni d'arrêter des résolutions définitives, ni de prendre des engagements, ni de s'immiscer directement dans les affaires intérieures des gouvernements représentés ou non représentés au congrès, le temps est venu où ces résolutions, ces engagements, ces immixtions directes doivent avoir lieu.

Où ces graves intérêts peuvent-ils être débattus mieux qu'au sein d'un congrès? Où donc les considérations générales relatives à la paix de l'Europe peuvent-elles être exposées avec plus de calme et plus d'autorité?

Dira-t-on que le congrès ne terminera rien, ne fera rien, que les gouvernements directement intéressés repousseront toute discussion, tous conseils? Mais s'il arrivait que ces gouvernements fussent seuls de leur avis, seuls contre tous, ne seraient-ils pas obligés de céder à cet ascendant moral qui aurait pour sanction au besoin des flottes et des armées formidables?

Dans tous les cas on aura du moins accompli un devoir; on aura mis en demeure les gouvernements de la Péninsule; on aura essayé des voies pacifiques avant de recourir à l'emploi des armes ; on aura éclairé l'opinion, dégagé les responsabilités.

On aura enfin fait ce qu'on doit ; advienne ensuite que pourra ! Si c'est la guerre qui advient, elle sera à la fois légitime et inévitable, et, à ce double titre, elle sera populaire. L'issue n'en sera pas douteuse !

FIN.

www.ingramcontent.com/pod-product-compliance
Lightning Source LLC
Chambersburg PA
CBHW061240030726
47595CB00004B/1625